CRI DE PAIX

Acte I

Me sachant aimée…mon cœur est en paix.

Les personnages

Kalipso : femme noire de presque quarante ans

Le bourreau : l'amant silencieux

Souffle du vent : l'intuition de Kalipso

L'écho du monde : les gens

1.

Assise sous l'arbre fromager à l'abri du regard, Kalipso fixe le vide sous l'emprise de sinistres perspectives. Sa trouble respiration dénote avec le calme de la végétation compatissante. Perdue dans la mélancolie de ses pensées, elle perd pied. Une douce brise vient lui caresser le visage…

-Souffle du vent –

Cesse donc là tes idées sombres

Cesse de suite tes tremblements

Si tu veux la paix

Prépare-toi à la guerre

La paix ne se décrète pas, elle se conquiert

Arme-toi de courage

Et apprends de ce chemin qui mène de Toi vers le vrai Toi

Qui mène de Toi vers la réalisation de tous tes espoirs

Ce ne sera pas facile

Oui ce sera difficile

Mais c'est la conquête qui est belle

En menant cette lutte avec toi-même

Le monde se transformera peu à peu

Le monde se pacifiera

– Kalipso –

Je t'entends Souffle du vent mais je tangue noire de confusion. Saoule de mes lamentations dociles, je demande à réfléchir. Quels sont donc ces conseils que je peine à entrevoir ? Que dois-je donc maintenant apprendre que je ne comprenne pas encore?

La dernière fois, à tes mêmes mots, moi Kalipso j'ai séché mes larmes et j'ai fait ma révolution, ma minuscule révolution. Une révolution douce et discrète mais vaillante quand même. J'ai commencé à planter dans mon cœur des fleurs de toutes les couleurs :

- des tiges de balisiers jaunes, des anthuriums, des alpinias roses et des touffes de plumbago.

Puis décidant de faire corps avec une rengaine si longtemps récusée- l'important est d'accepter ce qui ne peut être empêché- j'y ai aussi planté des fleurs toutes blanches d'obéissance, espérant qu'en fin de compte, il y aurait quelque bon de faire preuve de soumission.

Continuant ainsi ma quête de la meilleure des recettes, en dernier recours, je me suis procurée de l'amour en pot au marché d'à côté. Je l'ai déposé enthousiaste à l'endroit même où les battements m'affectionnent. Mais au premier coup de sang, mes fleurs d'amour se sont fanées. Desséchées, elles se sont laissé tomber.

Alors, j'ai recommencé…

J'avais appris de ma première entreprise qui avait été guidée par le plus beau de mes principes : où règne l'amour, il y a la paix ; va à la rencontre de l'amour et tu trouveras la paix. Si je voulais une vie de femme paisible, il me fallait trouver un mari. Et c'est bien ce grand principe qui m'avait conduit à m'investir sans préavis partout où l'amour s'était rendu disponible. Sans doute, il avait manqué quelques ingrédients…

L'avertissement me semblait bien clair. Pour obtenir ce que je désirais, il fallait que ma hardiesse se déchaîne, il fallait que je sue peine et stratagème.

Si c'était un chemin certes difficile, ce n'était pas un chemin impossible. Je devais juste faire preuve d'un peu plus de convoitise. C'était le prix à payer pour voir fleurir l'amour dans ma vie.

Je suis donc retournée au marché du coin.

En plus des fleurs d'amour en pot, j'ai emporté du courage assemblé par lot. J'ai fait aussi un long détour pour me rendre dans un endroit mystère. J'y ai cueilli un bouquet garni, jolie thérapie puis je l'ai serré très fort sur mon cœur, sur ma vie, comme pour l'emprisonner dans un sablier. Mais quelques semaines après, le vingt mai, la même chose s'est produite : un coup de chagrin mêlé à un peu de crainte a tout bousculé. Mes fleurs plus vraiment fraîches sont de nouveau tombées, tombées, tombées…

En proie à de nouveaux tourments réveillés par ces douloureux souvenirs, Kalipso se lève fébrilement et tourne follement autour de l'arbre fromager en se larmoyant. Vêtue de l'habit de la victime-coupable, elle s'assène des coups de mots-poignards…

-Kalipso-

Je n'emprunte pas la bonne voie

Ma méthode ne fonctionne pas

Que n'ai-je donc pas fait ?

Que n'ai-je donc pas compris ?

Le dessein me ramène

Toujours au point de départ

Face à la même butte

Face au même bruit

Sans amour et sans espoir

Pourquoi un tel cauchemar

Qui me met tant en émoi ?

À presque quarante ans d'âge

Mon sort est pire que celui d'un rat

Serais-je donc là moins qu'une femme ?

Serais-je de la lignée des parias ?

Qu'ai-je donc fait pour en arriver là ?

Exténuée de fatigue, Kalipso s'affale vidée au pied de l'arbre, ce fromager imposant qui tient toujours ses promesses et prend le relais quand oscille sa raison. Puissant roc de force, témoin de sa quête d'amour et des troubles de son âme. Son fromager en a vu plus d'un, pleurer des misères et a survécu à la cruauté des hommes…

-Kalipso-

Parle-moi mon arbre, toi le refuge des belles âmes esseulées qui n'ont que toi sur qui compter. Parle-moi mon arbre, encore une fois, révèle-moi la clé. Alors, je me redresserai ouvrant pleinement les yeux à la réalité.

…

Emerveillement du vœu exaucé

Qui met fin au désarroi de mes pensées

Balayées par une légère averse

Les choses me paraissent plus claires

J'ai trouvé la solution

L'absence d'eau est bien la cause de tous mes maux

Un cœur en sécheresse ne peut faire naitre la passion

En selle, la solution m'est tombée du ciel

Guerrière un jour, guerrière toujours !

Je trouverai l'eau

Je trouverai la source de la félicité

Je te trouverai Toi

Tu seras mon arroseur, tu seras mon roi

L'arroseur de mon cœur

Le gardien de ma joie

2.

Kalipso fixe l'horizon et imagine le jardinier de son cœur. Recherche rêvée en temps de disette qui prend forme et vie grâce à ses vues de l'esprit…

-Kalipso-

Jardinier de mon cœur

Que la douceur de ton âme fasse pousser mes rêves en couleur

Bêche ma solitude, cette aride solitude

Craquelée et morcelée par une sécheresse trop longue

Ensemence de ton amour, cette terre sans engrais

Qui a vu trop de fois ses graines espérées avorter

Bêche ce sol aride mon jardinier

Jusqu'à en faire une pâte molle, tendre et sucrée

Prête à nourrir, prête à séduire

Intense vertige

Prends dans ce temps présent qui s'affole tant maintenant

Bêche encore mon jardinier

Persévérance oblige

Pour faire pousser l'arbre d'amour qui se rêve dans mon cœur

Qu'il pousse solide cet arbre feuillu dans mon cœur de moineau

Sans peur du vent, sans peur du doute sans peur du non

Qu'il pousse l'arbre

Dans mon cœur de moineau

Avec la rage du lion et la force du taureau

Mon jardinier

Ne laisse pas mon arbre flétrir

Arrose en douceur ses cicatrices

Tous les jours

        Tout le temps

                Tout en moi

Toi

 Solidité de ma colonne vertébrale

Le soleil descendant, le cœur en bataille,
Kalipso s'en retourne dans sa case

cacher le monde en attendant de trouver le bonheur…

-Kalipso-

Sur les dédales de ma vie, j'écoute le vent et je regarde le vide

Je me sens si seule errant mes pensées sur ce chemin

Paysage rempli de rien

Vasque de rocailles

Et balafres de broussailles

Se nichent en vain

Paysage fêlé éteint

Sans prévenir, des cris rageurs d'oiseaux-aboyeurs

Déchirent le tapis gris de ma route

Cette rage qui trouble ma tristesse

Abonde dans le dehors de moi-même

Je vomis ma colère

Rêche

Colère contre l'amour en pot qui ne pousse pas

Et m'entraine dans les bas-fonds de la solitude

Colère d'être née d'une vie qui me rejette

Colère d'être en colère

Colère

J'accuse mon enfance

Je proteste contre le sort

Je déverse ma colère sur ces pseudo-vendeurs de leçons

Qui soi-disant m'apprennent

Ces-en-réalité distributeurs de vide

Je révolte ma soumission

Coupable cette éducation du en-dedans

Coupable cette élévation dans l'enfermement

Faisant de moi la proie de tous les vices

J'accuse mes faiseurs d'enfance

J'accuse…

Emmurée dans la solitude des blessures de mon corps d'enfant, je crie. Je veux ce qu'on me doit : l'amour, la joie, la foi. Une famille qui a la tête dans le cœur. Une famille qui a de la valeur. Je veux l'amour dû…bafoué ; je veux l'amour dû… volé. Je veux le manteau bleu du ciel. Je veux la paix de l'être.

Kalipso se laisse submerger par les émotions sans plus grande distinction…tristesse, colère….colère, tristesse. Arrivée au seuil de son chez soi, elle rentre péniblement dans son en-

dedans. Le Souffle du vent accompagne ses pas.

-Souffle du vent-

Ne t'inquiète pas Kalipso

Quand tu seras prête

Tel un oisillon prêt à naître

L'amour tu connaîtras

L'amour tu embrasseras

Sera alors fini le démêlage des tracasseries de ton esprit

Sera enfin fini le désentremêlage de tes hoquets explosifs

Prends garde à toi, ne te précipite pas

Veille sur ta patience qui te récompensera

Préserve-toi d'un élan trop fugace

Préserve-toi d'un élan de désastre

Kalipso se surprend apaisée d'entendre des paroles si sages mais saisie d'une nouvelle énergie rebelle, elle se dresse et proclame…

-Kalipso-

Attendre fait mal

Et je n'ai plus la patience d'avoir mal

Ne rien faire est bien difficile à faire

Ne dit-on pas qu'on n'a rien sans rien ?

Dès aujourd'hui, j'irai en quête trouver ce qui m'est prévu

Je partirai à la chasse pour récupérer ce qui m'est dû

Tout en moi désormais respirera la disponibilité

Je mendierai l'amour, je réclamerai l'exclusivité

Je forcerai le destin et je parviendrai à mes fins

Acte II

Au jour nouveau…

1.

Kalipso se tient droite devant le monde,
illuminée par le soleil. Elle a vaincu...

-Kalipso-

Flamme d'amour qui console mon âme guerrière

Enfin apaisée par la contemplation de ton exquise présence…

-Echo du monde-

Je te salue Kalipso, dame de notre clan

Je te salue Kalipso, dame de notre rang

Reine du jour qui a redoré son image

Reine de dignité qui se rend hommage

Reine de grâce qui est devenue raisonnable

-Kalipso-

Venez tous m'entendre !

Mal-parlants entre deux fentes, sonneurs de moqueries, jacasseurs de malheur

Venez donc m'entendre !

Venez tous, foule sans éclat

Vous tous, le monde entier

Car enfin, je respire

Enfin le jour se lève sur ma nuit

Que les tam-tams de mon cœur résonnent !

Que les trompettes du ciel célèbrent l'accomplissement !

Le roi a frappé à ma porte

Il a écrasé ma solitude et terrassé mon désespoir

Et devant le trône de ma joie

Il a couronné ma tête de sa grâce, me mettant ainsi à l'abri des chacals

Corps redressé, fierté élevée, aujourd'hui j'ai un nom

Excitation d'un futur embelli, excitation de la danse retrouvée

Excitation de mots fleuris, promesse d'une éternité

Passé envolé, douleur oubliée

Commencement, recommencez !

-Kalipso-

Ce matin, je fais face à la création.

Contemplation et admiration, tout est beau et tout est volupté

Nature enchanteresse, ode à la rose noire qui enivre mes sens

Belle rose noire qui émerveille mon cœur et enchante mes yeux

Tes épines ne sont que charme et orgueil

Tu es reine dans mon jardin, douceur de ton miel butiné par l'abeille

Cadeau d'alliance offert, promesse d'amour éternelle

Prends bien soin de nous, belle rose noire

Témoin de notre amour naissant et grandissant

Au plus haut du soleil, mon cœur amoureux se promène dans le jardin de Labelle.

D'un amas de roches est né le monde et l'abondance s'y est installée. Papillons, colibris et sucriers ont décidé vie dans mon antre.

Allamandas couleur pêche, roses et hibiscus… une myriade de fleurs-couleurs arc- en- ciel étanche la soif de mes hôtes élevant à tout instant ma joie du don.

Sentiments d'âme m'accueillent à leur table et au dessert : délices de surettes, gratitude du recevoir de mon arbre suprême. Je suis émue par ce temps de beauté.

Reposant au coin-est du tableau, sur un banc en bois d'acacia, le souffle de paix caresse mon être couronné de patience. Le reflet du beau du ciel se confond avec les bleuets créoles faisant l'alentour de la barrière.

Arpentant le sentier de Labelle, je pose à humer le velours des pétales et à écouter le bruissement des feuilles des multipliants valsées par le vent.

Mes pensées en paix, je m'absente de bavardage et me laisse envelopper d'odeur de vanille déposée çà et là par la main de l'artiste guidée par le sage.

Et au soir, glissant vers le temps du sommeil, baissant les paupières sur son trésor, les lèvres de Kalipso dansent de nouveau sans effort…

-Kalipso-

Trésor, mon beau trésor

Je te couvrirai d'or pour que tu sois à moi encore et encore

Tu ne verras de moi que les délices de mon âme

Je te cacherai mes torts, je te cacherai du dehors

Tu seras tout à moi et rien ne nous séparera

Mon roi d'ébène, mon beau roi Nègre

Ensemble, nous glisserons vers l'amour dont je rêve

2.

-Kalipso-

Nous voilà dans le monde mon ange et moi, admirés, visités, affichés. Je suis cette nouvelle étoile qu'il fait briller.

Je suis celle qui s'engage à répondre à tous ses besoins et qui envisage ceux qui n'ont pas même encore effleuré les difficultés futures de son quotidien. Enfin je compte pour quelqu'un.

Entendez donc le monde que j'ai appris de mes erreurs. Je sais maintenant lire les signes par cœur. Il a tout de moi, c'est certain. C'est bien lui mon âme sœur. Tant de peines et de manques nous rassemblent. On a tant en commun. Cette fois-ci c'est le bon. Les quelques semaines déjà passées avec lui ne me trompent pas et le confirmeront.

-Souffle du vent-

Vite, vite, ça va si vite

Vite, vite, ça va trop vite

Sa famille qui s'infiltre partout

Sa famille qui orchestre tout

Attention Kalipso ! Rappelle-toi du temps d'avant

Attention Kalipso ! Rappelle-toi de tes histoires d'antan

Rappelle-toi de ces fins qui t'ont fait tant pleurer

Des fins qui désarment

                         Transformant tes espoirs en larmes

Des fins détestables

                     Enterrements de fiançailles

Des fins amères

                     Annulant tout projet d'éternité

Des fins au goût inachevé

                  Recommencement
obligé

-Kalipso-

Souffle troublant, cesse de me prédire misère et arrête de suite ta rumination. Je veux glisser sur le chemin de ma destination.

Des doutes, toujours des doutes qui entravent ma route

Le doute, la peur, tout se mélange

Peut-être ai-je tort ? Tu as sans doute raison

Mais après tout, n'est-il pas juste qu'un homme décidé ?

Il sait ce qu'il veut, ne t'en déplaise

Notre amour n'est pas vain

Et si c'est son choix, en un jour notre couple se bâtira

La vie, la famille

Eh ben oui, tout, tout de suite

J'ai attendu si longtemps, trop longtemps

Je n'ai plus de temps à perdre et sans doute lui aussi

Le chagrin c'est fini

Écoutez le monde

Comme le doux long fleuve de notre relation

M'apporte joie et satisfaction

Main dans la main, nous avançons

Main dans la main, nous affrontons tous ces petits cailloux du destin

D'où qu'ils viennent, ils ne peuvent rien contre nous

Nous sommes ensemble plus forts que tout

Et je vous sais le monde

Témoin de notre alliance, témoin de ma sagesse

Qui a cavalcadé d'une main de maître les dos d'âne de la frustration

Comme quand sa sœur nous a invités à déjeuner et qu'elle n'a daigné ni me parler ni même me regarder. Je n'ai pas voulu comprendre, que de là viendraient quelques maux mal placés. Je n'ai rien voulu penser. Je n'ai rien voulu gâcher. C'était notre première rencontre et seul son frère m'importe. C'est avec lui que je m'unis et il me confirme aujourd'hui que c'est bien moi qu'il a choisie. Voilà notre force le monde et avec le temps, elle s'y fera et avec le temps, elle acceptera.

Les jours passent et Kalipso regarde son ange toujours avec tant d'empressement…

-Kalipso-

Voyez-vous le monde

Mon roi Nègre ne parle pas et je l'aime comme ça

Il n'est certes pas parfait mais il l'est pour moi

Tout ce qui est inutile est toxique dit-il

Alors il n'exprime que ce qui est nécessaire d'être dit

Mon roi d'ébène ne converse pas

Son silence est une arme

Il observe, il secoue la tête

Mon homme est un héritier du non-bruit

Un en-dedans, un enfoui dans l'oubli

Ses non-réponses sont comme des chapes de plomb sur le vacarme de la vie

Mon homme ne contribue à rien de ce qui s'exprime

Le silence semble être sa seule patrie

De cela, je devine les contours de ses souffrances, notre passé de douleur en commun nous lie à un devoir d'amour qui se suffit du sacrifice.

Parle-moi, mon ange

Repose là ta confiance

Donne-moi ta douleur

Je te soignerai pendant des heures

Je te sauverai de tout mon cœur

Je te rendrai meilleur

Donne-moi tes mots

Que je les enveloppe de caresses et de compassion

Confie-moi tes peurs

Je les connais par cœur

Je sais ce que c'est de n'être qu'une moitié et de se sentir rejetée

Qui d'autre que moi pourrait mieux te sauver ?

Je serai ton infirmière

Celle qui réparera tes ailes

Je te remettrai sur pied

Ma mission c'est de t'aimer

3.

Assise au pied de son arbre fromager, Kalipso fixe l'horizon péniblement empêché par un épais brouillard. Le besoin de revenir à cet endroit se fait sentir depuis que la routine du vide les a envahis...

-Kalipso-

Mon trésor ne fait rien, n'a envie de rien et ne dit rien

Souvent mon regard l'interroge en attente d'un mot effort

De quelques lettres salvatrices qui arrimeraient une idée, une envie

Un début de conversation

Mais rien, encore rien que cet habituel silence qui ne dit rien

Cet habituel silence qui m'isole et qui m'esseule

Ce silence d'hécatombe

Un sombre silence qui crève l'innocence de mes questions

Qui vibrent, se pendent et se suspendent

Laissant place à un mal être sans nom

Je vacille dans mon en-dedans

-Souffle du vent-

Kalipso,

La boue monte, se lève et déborde

Ralentis jolie fille, tant qu'il est encore temps

Ose croire qu'il n'est peut -être pas le bon

-Kalipso-

Non Souffle du vent, qu'importent nos différences

Je fondrai les miennes pour qu'il m'aime encore

Je me calerai à lui, je serai son image

Je saurai être ce qu'il aime pour pouvoir lui plaire

Non Souffle du vent, Il n'y aura pas de boue

La boue ne montera pas

La boue ne se lèvera pas

La boue ne débordera pas

J'ai appris de mes erreurs

Et pour que la paix dans son cœur règne

Pour que la paix dans mon couple soit

Je serai non-sens

Je serai silence et mon âme se taira

Epuisée, affligée, Kalipso s'allonge sous son arbre et fixe les nuages qui dessinent son visage…

-Kalipso-

Malgré tous mes efforts, tu prends de la distance

Parle-moi, dis-moi ce qui ne va pas

Dis-moi ce que tu veux que je sois et ce que tu veux que je ne sois pas

Sauve-moi, ne nous laisse pas chanceler comme ça

Tu n'en as pas le droit

Je t'ai tout confié, tout avoué, tout donné

Tu m'as promis la lune et la fin de mes blessures

Tu m'as promis

Non, je n'accepterai pas

Non, je ne trébucherai pas

Non, mon pied ne flanchera pas

Je résisterai, mes larmes seront mon arme

Et je serai là bien malgré toi

Je t'aimerai tant que tu ne pourras faire autrement

Les sentiments n'ont pas de forme et c'est pour cela qu'ils changent

Non, on ne se quittera pas. Je ne le permettrai pas

Tu ne peux pas être un autre- qui encore se moque de moi-

Cette crise passera

Le temps passe et tout se ressemble…

-Kalipso-

Mon ange est en procès contre le monde

En colère contre la vie

Il est éteint par les drames

Et nourri par les tourments de sa mémoire

Mon ange a le souffle court

Et la démarche lourde

D'un silence talentueux

Il tresse un mur entre nous deux

Perdue dans le vide de l'horizon, je reste seule dans son en-dedans.

Hélas, la distance parle de son absence

Il va me quitter, je le sens

C'est bien plus qu'une question de temps

C'est une question de force

Cette force courage qu'il lui faudra pour défier son instinct mâle

Et qui voudra faire de moi la pire des femmes

Cette force honnête qui l'empêchera de me donner la rage

Pour sa propre sauvegarde

Cette force viendra et à ce moment-là

 Il m'avouera que pour nous il est trop tard

Kalipso se cache de l'écho du monde, adossée au tronc de son arbre, elle résonne sa peine. Elle résonne des mots-

cris de son bourreau qui-descendu de son trône- ne semble savoir briser le silence que lorsque gronde la guerre avec l'urgence de manier le fouet...

-Le bourreau-

Il n'a jamais été question d'amour

D'amour je n'en ai nullement pour toi !

J'ai pris le temps de vous comparer et je veux tout arrêter

Elle est bien mieux que toi et j'ai fait mon choix

Je retourne avec elle car oui c'est elle que j'aime

Kalipso s'écroule dans sa peine…

-Kalipso-

Voilà mes larmes au goût retrouvé

Et les tremblements que j'avais oubliés

Je porte le poids d'un chagrin infini

Tu m'as menti, menti, menti

Cri de douleur en-dedans

La nuit noire me plonge dans le désespoir

Je m'effondre

4.

-Kalipso-

De nouveau elle est là, la douleur

Elle veut me brûler, me broyer,
m'étouffer, me tuer

Que l'on m'accroche à mes cicatrices

Avant qu'elles ne viennent à s'ouvrir

Que l'on inonde la vomissure de mes plaies

Avant qu'elles ne se braisent

L'obscurité s'assombrit

Je suis au bord du vide

Et j'ai peur de souffrir

Fluide de folie qui coule dans mes veines

Je sombre dans la cale du désespoir

Où grille la vermine

Lacérée par les griffes de l'orgueil

Je hurle ma peur

Mon frère noir me dévore…je me meurs

Que n'ai-je donc pas compris pour vivre encore cette infamie ?

La nuit s'est logée en moi et elle ne se réveille pas

Que va-t-il advenir de moi perdue dans tout ce noir ?

-Echo du monde-

Il l'a quittée

Un mois à peine après l'avoir laissé tomber

Avec sa dernière il s'est installé et elle n'a pas supporté

Voyez comme elle est maigre, elle qui était si belle

Il l'a quittée et en beauté

Il est retourné vers son autre soleil même si elle est plus vieille

Il dit que ça n'allait pas, qu'ils ne s'entendaient pas

Il dit qu'elle avait des problèmes à régler avec elle-même

Et qu'elle ne savait pas y faire

Qu'au lit, qu'à la cuisine, c'était du pareil au même

Insipide, d'un ennui, vide de plaisir, sans saveur

Qu'elle était comme une rose sans odeur

Il l'a quittée, il s'en est allé

Il a dit aux autres qu'il n'en valait pas un drame

Qu'elle n'était qu'une passade

Qu'il n'y avait rien d'investi

Et que d'ailleurs elle n'était pas son style

Que c'était la fin d'une petite histoire

Comme on peut en avoir plusieurs dans une vie de foire

Oui, on dit, on dit….

Qu'elle devait être terrible

Pour qu'un homme aussi bon l'ait en grippe

Un homme aussi calme, un homme sans histoires

Ils disent…elles, eux, lui

Qu'elle pleure, qu'elle crise et qu'on l'a même retrouvée évanouie

Mais qu'elle l'a bien cherché

Car quand on a trouvé un tel bon homme

Il faut savoir le garder

Elle a dû bien lui mener la vie dure

Pour qu'avec l'autre il s'enfuit et crée la rupture

Certains disent que c'était un ménage à trois

Qu'elle a toujours été là

Mais là, moi le monde, je n'y crois pas

Il n'est pas homme de cette trempe- là !

Pauvre homme ! Méchante femme !

-Kalipso-

De ma profonde honte, je crie ma détresse

D'où vient cet effroyable acharnement ?

Je ne connais que des aurores et mes espoirs à genoux tombent

Qu'ai-je donc fait pour mériter un tel sort ?

Quelles sont donc ces chaînes léguées par mes ancêtres ?

Et quel est donc ce destin qui ne m'offre aucun soutien ?

Encore et encore je sombre

Le cœur piétiné dans la fosse

Les ombres obscures pour seul témoin

Destinée à la solitude

La voie est sans issue

Mes larmes crient à l'injustice

Je suis perdue

Kalipso regarde les feuilles de son arbre qui s'amoncellent, décrochées par une rafale de vent survenue sans un mot…

-Kalipso-

Je plie et je me mets à genoux

Je réclame l'indulgence et je plaide pour ma peine

Que n'ai-je pas fait pour que cette relation ne tienne ?

Je veux qu'il me revienne pour que mon cœur se remède

Je veux qu'il me revienne pour que le jour se lève

Mais hélas mes hurle-vents n'atteignent pas le rivage.

Horrible la vitesse à laquelle tu m'as abandonnée

Terrible la vitesse à laquelle la mer s'est retirée

Amour rapide, amour futile

Amour fragile, amour pour rire

Aucune lutte, aucun combat

Tout est plié

Je suis achevée

La gueule par terre, tel un ver de terre

J'avale la boue et la poussière

Faible, sans repères

5.

-Kalipso-

Le bateau coule, je sombre….au fond d'une mer de douleurs, la poitrine emplie d'une obscure nuit.

Du fond de mon désastre

S'élèvent les hurlements faibles de ma brisure

Je pleure les corbeaux qui déchiquettent ma détresse

Et les crocs des chiens qui s'enragent sur mon chagrin

Au plus profond de ma faiblesse

Piquée à vif à chaque coup de pensée

Je n'arrive plus à respirer

Aidez-moi, seule je n'y arrive pas

Laminé, mon cœur est épuisé

Ma peine a aboli le temps

Je meurs de la laideur des hommes

Acte III

La beauté nait du chaos…

1.

Non le monde, je ne suis pas morte.

Je m'appelle Kalipso M.D et je suis née il y a un an. Pendant sept ans, j'ai bataillé dur pour revoir le soleil du jour. Du fond de la fosse, j'ai escaladé dur le morne du retour. Un vrai périple que seuls peuvent comprendre les rescapés en sursis. Et ceux-là mêmes savent aussi qu'il ne suffit pas d'y être parvenu pour prétendre être guéri. Si arrivée au sommet mon cœur ne saignait plus, il suintait encore par de nombreuses fissures.

Mon cœur restait faible

Mon cœur restait fendu

Il m'a fallu plusieurs années pour suivre la lumière de vie et sortir du ventre de la mort. Il m'en a fallu encore pour recoudre avec des fils de patience et de douceur toutes les fêlures de ses blessures.

Sous mes doigts d'artiste, mon cœur s'est transformé ainsi en une singulière création. Chaque couture fut une épreuve périlleuse. Chaque fragment racontait son histoire. Bien des fils ont rompu résistant peu ou trop à une peau très distendue par les allers retours de sursauts de douleur. Ce n'est qu'au bout d'un long chemin de persévérance que mon cœur est devenu un véritable patchwork d'amour composé d'une myriade de couleurs.

Je m'appelle Kalipso et je me suis éveillée à la vie grâce à un faisceau de lumière qui a pénétré mon intérieur et a révélé les nombreux coins d'ombre que je désavouais.

Faisceau de lumière d'une force redoutable, tu es mon père

Faisceau de lumière d'une patience sans égale, tu es ma mère

Tu m'as délesté du lourd fardeau de deux cent ans d'émotions ancestrales

Tu m'as délesté de la douleur du rejet, moi l'animal qui voulait parfaire son reflet dans le miroir

Tu m'as délesté de la souffrance de l'abandon envisageant toute solitude comme malédiction

Tu m'as appris à redresser la tête et à affronter mes travers

Tu m'as appris à coucher ma colère et surtout à m'aimer telle que j'étais

Oui le monde, je suis née il y a un an et j'ai quarante-six-ans.

2.

Arrivée au sommet du morne, alors que mon cœur suintait encore, la lumière m'a désigné une île sur laquelle je me suis échouée…

Terre vide, ver de terre

Je ne veux que dormir

Dormir pour fatiguer les ombres

Dormir pour oublier ma tombe

Va-t'en soleil, va-t'en faisceau de lumière

Laissez-moi me coucher sur le sable noir de l'obscurité

Je ne veux pas encore voir le paradis trouvé

Je ne veux pas de suite de trèfles à quatre feuilles

Je ne veux pas encore être de l'autre côté

Et regarder les lucioles danser

Laissez- moi dormir de mon passé

Et éteindre mes oreilles à ce vent babillard

Et me brûler sur cette plage trompeuse

Et me plonger dans le silence parfait atone

Qui succède à l'insupportable souffrance

Dormir la tête vide

Dormir le corps nu

Dormir

Sur cette terre ceinte d'un bleu amer

Mes réveils sont affamés d'une misérable déveine

Seule je crie ma peur nauséeuse de moi-même

D'ennui somnolent, de vide sans amant

Miette de terre, morve par terre, ver de terre

Ô comme je suis fragile !

Qu'on me donne le temps de ramasser mes morceaux de vie retrouvés

Qu'on me laisse survivre au rythme des marées

Au temps suspendu du rituel

Où les vagues aspirent les souillures

Et lavent le racheté

Et habillent d'un présent neuf

Avant de se retirer

Alors parfois quand certains matins semblent meilleurs que d'autres, je m'élève et erre mon ombre sur l'îlot à la recherche d'une justification de non-sens, à la recherche de la justification d'une raison....

Mais que rien

Je ne trouve que rien sur cette petite île

Désertée de ma cartographie

Pauvre de simplicité

Pleine d'humilité

Faisant courbette sans moulin hautain

À la savane cannée

Jusqu'à ce matin

Où de retour vers l'envie de m'enfouir dans ma fuite

Un bruit qui s'impose à mon silence

…

Serait-ce le gémissement suffoqué de cet arbre fromager ?

Et d'un coup mon cœur debout

Et d'un coup mon cœur qui se met en élan

Libre il a décidé

Désétouffer l'arbre

Avec ses notes de douceur ravivées

Il l'a épargné

Et d'un coup l'arbre qui se met à respirer

Et d'un coup je me mets à respirer

Et d'un coup mon île qui se met à respirer

Et d'un coup je me mets à l'aimer

Et d'un coup mon cœur l'a caressé

Magie de mon île

Qui absout en moi tout désir de haine

Bâtisseur de réconciliation

Bêcheur de paix

Effaceur de plaies

.

3.

Ma perle chérie

Reçois ce manteau de verdure pour mieux te couvrir

Et cette couronne d'ixoras pour te faire sourire

Regarde ces fleurs

Je les ai plantées dans mon cœur

Et elles ont fleuri

Mon îlet chéri

Reçois ce présent

Dans ton silence j'ai peint ce tableau

Au milieu se dresse avec magnificence

Un fromager qui règne sur un jardin de toute beauté

Tout alentour ses racines

Comme des remparts de sécurité

Possibles barrages contre toute intrusion

Ne participant pas à ma paix

Sur mon île, il n'y a pas de mornes, pas de formes

Absence faisant offense au monde des hommes

Sur mon île, il n'y a pas de cascades

Tout est plat

Si ce n'est un muret de lézardes

Caressées par des rigoles de pluie

Ma joie est de marcher nu-pieds sur le diamant chaud de mon île pour entendre battre son cœur. Ma joie est de sentir le vent me souffler aux oreilles des messages venus du ciel et d'avoir parfois la chance de parler paisiblement aux anges. Ma joie est de savourer la danse mélodieuse des oiseaux et le bruissement des ailes colorées des papillons.

Seule sur ma terre, je ne connais ni rejet ni étouffement

Tout est mouvement

Aucun matin ne se ressemble

Je me balance avec élégance entre le silence nourricier de mon île et la folle mélodie de sa nature abondante

L'arbre fromager m'apporte la générosité de son respect et les colibris huppés et falle-vert me comblent de leur compagnie enjouée

Humer les senteurs veloutées des fleurs exotiques et du gros thym qui m'entoure

Me coucher sur le tapis doux de la verdure éclatante

À l'ombre des fougères arborescentes

Actes de joie qui me remplissent l'âme et m'éloignent de tout tracas

Admirer la beauté renversante des hibiscus et le buisson resplendissant des pervenches

Enchantement de mon changement

Ma terre respire la paix et me renvoie à mes rêves d'amour éternel

Enfin, je retrouve mon chemin

4.

Pépite d'île sublime

Qui me baigne de ses délices

Inondée de ses vibrations romantiques

Je me transforme peu à peu

Détachée du monde, je me fais face

Bercée par la voix de l'île je me fais grâce

Belle me dit l'auréole turquoise du vent

Je célèbre la beauté de ta peau

La finesse de tes traits et l'élégance de ta silhouette

Je frémis de plaisir et j'entends :

Rose noire de mon jardin

Nul besoin de comparaison

Ta singularité honore ton blason

Danse Kalipso !

    Danse ta joie jaillissante !

                         Danse ta beauté rayonnante !

Danse Kalipso…Danse !

Alors j'ai dansé bien plus que ma beauté. J'ai dansé mes coups de fouets lacérés et ma saison d'été. J'ai dansé mon dékatman scolopendre de mon swing retrouvé. J'ai chanté Kaladja Touk Takata koutou de mon courage djòk de femme. J'ai jazzé mes sourires conspirés en pensant aux ondulations anolis de mon âme :

Danse Kalipso… Danse !

Et puis soudain une image, une pensée

Et puis soudain une onde de souvenirs est arrivée et m'a traversée

Une onde de mélancolie est arrivée et s'en est allée sans tarder

Une nouvelle Kalipso venait d'éclore avec son jet de discernement et ses vérités…

5.

Alé di sé malpalan-la* que même si je chancelle, je ne courrai pas.

Je donne désormais dos au temps, au temps du- je n'ai plus le temps-, au

temps du- pa lapenn ankò*-, au temps du
-cancan qui déjà fait la pluie et le beau
temps.

Ma seule boussole est mon énergie
portée par les vibrations de mon île et il
m'a fallu longtemps pour m'amender de
toutes ces leçons à donner, de tous ces
torts à redresser.

Bien sûr, les commères disent déjà de
moi que j'ai perdu la tête et qu'il n'y a
pas de quoi être fier, que mes peines ne
sont que le résultat de mes dettes, mais
qu'en savent-elles ? Que savent-elles de
ces plantes tordues avant les graines,
condamnées à pousser sans tuteur
dévoué jusqu'à ce qu'elles s'acceptent ?

Bien sûr elles disent de moi que je
couvais une tare puisque la femme c'est

moi et que les hommes ont tous les égards.

Oui elles disent, elles disent…elles pensent. Qu'elles claquent leurs langues pleines de piment !

Non je ne m'écroulerai pas, non je ne me pendrai pas, non je ne fuirai pas. Je resterai là à écouter leurs sarcasmes que je ne contrôlerai pas, que je ne défendrai pas. Je resterai là sans larmes, sans drames. Je resterai là à écouter leurs bruits du monde qui passeront, me traverseront et s'en iront. Je resterai là simplement à la place que j'ai choisie, à la place que j'ai voulue. Je resterai là avec la joie au cœur et l'enthousiasme intact. Je resterai là avec la grâce au

cœur et la détermination sage à écouter
le langage du vent.

6.

Dites à mes frères que le sentiment
d'appartenance est un héritage qui résiste
aux rafales du vent…

Sans patrie

Une simple brise et je suis tombée

Telle une branche mon tronc a craqué

Cela fait un an que je ne me cache plus.
Cela fait un an que je ne me nie plus.

Cela fait un an que je ne porte plus le poids de mes origines comme une honte à faire périr, comme une honte à détruire qui me courait dire…

Au feu mon nom

Au feu ma couleur de peau

Le monde, cela fait un an que je ne me cache plus.

Le noir ébène de ma peau c'est mon estime

Le noir de mon nom c'est mon Afrique

Je suis afro-antillaise et je m'appelle Kalipso. Je suis le fruit d'un métissage dont on parle peu et pourtant... Un mélange rare qui fait scandale. Un métissage invisible à l'œil qui porte en lui bien des larmes car en son cœur se cache l'essence même de la violence vécue par deux frères d'âme...

Qu'on a voulu diviser

                         Qu'on a voulu aliéner

         Et qui ont en commun le parfum
                 macabre d'atrocités

Je suis l'enfant de la déchirure de deux continents et il m'a fallu bien du temps avant de porter avec dignité mon identité singulière : descendante d'esclave et héritière du royaume des braves. Oui le monde, je suis afro-antillaise. Non pas afro-antillaise comme on dit afro-américaine mais bien d'origine africaine par mon père et d'origine antillaise par ma mère.

Je suis le fruit de l'un de ces couples qui ne durent pas longtemps car tels deux frères ennemis, à tous les tons sombres de leur histoire commune ils se comparent et se combattent, déjà vaincus par les morsures d'un autre temps.

Je suis une femme afro-antillaise élevée aux Antilles à qui de l'Afrique on n'a rien voulu dire. Et comme tout ce qu'on cache à un enfant trahi par le manque, toute mon Afrique n'a cessé de transpirer par tous mes pores…

Afrique, terre qui est mienne

Afrique, terre de mon père

Du fond de ma gorge, je tremble à ton appel

Mes chaines m'empêchent de répondre à ma peine

J'ai porté trop longtemps à bout de bras mes deux identités

Confusion du regard de l'un qui ne connait de ce monde qu'une histoire racontée

Naïveté du regard de l'autre qui ne veut se connaître qu'à travers son passé

Mais maintenant c'est terminé

Fini d'évaluer sa beauté à la légèreté mélanine

Fini d'évaluer son identité à la hauteur de ses origines

Fini

Je suis désormais ce pont de paix et de réconciliation.

Je suis ce pont d'amour qui implore ses frères noirs d'envisager leurs sœurs couleur ébène comme des reines. Elles ne méritent pas la double peine…Chez elles aussi, brille le soleil. Chez elles aussi, sent bon l'odeur du caramel. Je suis ce pont qui déclame que l'amour n'est pas une affaire de couleur mais surtout une affaire de cœur.

7.

Sur les cendres de la dévastation de mon âme, j'ai bâti mon île et je l'ai façonnée. Une île de bonté qui nourrit dans mon cœur une rose de toutes les couleurs.

Tendresse de ma renaissance qui me prend dans ses bras et me dit que maintenant ça ira. Beauté du moment présent qui éveille mon inspiration créative et révèle mon âme d'artiste. Je m'épanouis, je me guéris, je vis.

Solide tel un arbre fromager, je résiste aux tempêtes des circonstances. Sans peur et sans fard, je suis un beau diamant noir, brut de simplicité, sans morne et plein d'espoirs.

Solitaire telle une rose porcelaine qui s'épanouit, qui se suffit à son propre bonheur, je suis comblée par le manteau paisible du bleu du ciel qui se reflète sur le bleu de la mer.

L'enfant de mon en-dedans ne pleure plus

Mer d'amour filial qui me berce dans ses bras

Merveille du repentir dans cette douceur de vivre

Vivre, tout vivre de tout cet alentour

Pays de velours qui m'imprègne

Et lentement se confond dans mon être

Juste vivre

Plus rien à dire

Plus de jugement, plus de gesticulation

Juste vivre

Totale acceptation

Elle est

Je suis

Nous sommes

Transcendés de paix

Tels deux vieux amants

Qui s'unissent d'un même corps, d'une même voix, de mêmes traits

Nous nous sommes absorbés l'un à l'autre

Un

Nous ne faisons plus qu'un

Elle partout en moi, moi partout en elle

Je bois sa splendeur et ma gorgée de paix

Je suis devenue île

Je suis devenue elle

Et j'ai vu que j'étais belle

Et j'ai vu que j'étais reine

Que je savais savourer

Le succulent repos de ma tendresse

Sur les herbes fraîches

Que je savais apprécier

Le doux repas de mes rires enjoués

Sérénité de mon être

Assuré de s'aimer quoi qu'il advienne

Je m'appelle Kalipso M-D et il y a un an que j'embrasse ma vie. Prête à d'autres joies. Prête à d'autres nids. Prête à découvrir une autre Marie-Galante qui comme elle, il y a trois ans m'a choisie.

Je veux crier au monde ma paix

Aux partis de rien, aux débuts sans étincelle

Que parfois la beauté nait du chaos

Que toujours l'amour triomphe

Que l'amour est

Que l'amour reste

Et ne s'éteint jamais

Notations-

*allez dire aux commères – langue créole

* Ce n'est plus la peine- langue créole

© 2023, Danièle Michèle Doumbia
Édition : BoD - Books on Demand, info@bod.fr
Impression : BoD – Books on Demand,
In de Tarpen 42, Norderstedt (Allemagne)
Impression à la demande
ISBN : 978-2-3224-3213-4
Dépôt légal : Décembre 2022